el arte de echar las cartas

Por la Bruja Benita

serie de la
salamandra

Todos los derechos reservados.
Ninguna parte de este libro o los demás libros de la serie podrán ser reproducidos en texto ni en imágenes, sin permiso por escrito de:

© **Calli Casa Editorial 2025**
© **Yhacar Trust 2025**

Edición en español
Supervisión general: Bernabé Pérez

Lake Elsinore, CA 92530

INTRODUCCIÓN

Desde tiempos remotos, el ser humano ha buscado respuestas en los signos, los símbolos y el lenguaje oculto del universo. Entre todas las herramientas de adivinación que nos ha legado la tradición esotérica, la lectura de cartas ocupa un lugar especial. No se trata solo de predecir el futuro, sino de comprender el presente, sanar el pasado y guiar el alma hacia su destino.

Este libro está dirigido a quienes sienten el llamado de convertirse en lectores de cartas, o como tradicionalmente se les ha conocido, cartomancistas. Ya sea que vayas a practicarlo en forma privada con familiares y amigos o que tu mira sea convertirte en un profesional, este libro te mostrará las bases de la adivinación por medio de la baraja española.

Más que una técnica, la cartomancia es un arte sagrado que requiere estudio, intuición, respeto por los símbolos y una profunda responsabilidad hacia quienes buscan consejo y claridad.

Es recomendable abordarla con respeto y dedicación.

Aquí aprenderás desde la preparación espiritual y física del espacio de trabajo, hasta los métodos más utilizados para realizar tiradas específicas. Conocerás el significado profundo de cada carta de la baraja española, tanto al derecho como al revés, y aprenderás a interpretar no solo lo que dicen las cartas, sino lo que quieren decirte a través de tu conexión interior.

Este libro no pretende convertirte en un adivino infalible, sino en un intérprete consciente, un puente entre la sabiduría invisible y el corazón de quienes confían en ti. Porque echar las cartas no es solo leer un destino: es honrar el misterio.

Te invito a recorrer estas páginas con mente abierta y espíritu humilde. Si estás dispuesto a aprender, crecer y servir, las cartas te responderán.

ADVERTENCIA

Antes de aprender a leer las cartas, es fundamental comprender el peso espiritual y humano que conlleva esta práctica. Echar las cartas no es un juego, ni un espectáculo, ni una forma de manipular a otros. Es una labor delicada que entra en contacto con los miedos, esperanzas, secretos y anhelos más profundos de las personas.

Prepárate para vivir una experiencia espiritual.

Quien viene a ti en busca de una lectura no necesita juicios, falsas promesas ni soluciones mágicas. Necesita claridad, orientación y respeto. Por eso, es tu deber como cartomancista actuar con ética, compasión y verdad.

RECUERDA:

• Nunca prometas milagros. Las cartas no resuelven la vida, pero sí iluminan el camino para que cada quien tome decisiones con mayor conciencia.

• No uses el miedo como herramienta. Las cartas pueden mostrar advertencias, pero jamás deben usarse para infundir terror o dependencia.

• No invadas la privacidad. Hay preguntas que las cartas no deben responder si no hay permiso o si la consulta no viene directamente de la persona involucrada.

• Sé claro cuando no veas respuesta. No todo se revela en una tirada. A veces, el silencio también es mensaje.

• Conoce tus límites. No estás reemplazando a médicos, abogados ni terapeutas. Si un cliente necesita ayuda profesional, tu deber es recomendarle que la busque.

Este libro te enseñará técnicas y conocimientos. Pero solo tú puedes decidir qué tipo de cartomancista quieres ser. Que tu práctica esté siempre guiada por la luz, la honestidad y la intención de ayudar.

Recibe bendiciones.

INVOCACIÓN CABALÍSTICA A LOS ARCÁNGELES

Antes de barajar y extender las cartas, es esencial invocar presencias superiores que amparen tu trabajo y guíen tu intuición. En esta invocación combinamos elementos cabalísticos y angelicales para establecer un puente entre los planos visibles e invisibles.

MATERIALES NECESARIOS:

- Una vela blanca (pureza y claridad).

- Incienso de sándalo o mirra (ritual de elevación espiritual).

- Un círculo dibujado en el suelo o sobre una mesa, con sal marina o tiza.

- Un nombre angelical escrito en papel (por ejemplo: — Mikha'el, el arcángel Miguel).

INSTRUCCIONES:

1— PREPARACIÓN DEL CÍRCULO

Dibuja tu círculo ritual y enciende la vela y el incienso. Visualiza cómo la luz divina llena el espacio.

2— PRONUNCIA LAS PALABRAS CABALÍSTICAS Y ANGELICALES:

"En el nombre de Adonai, Rey del Universo, invoco:

+ al arcángel (Miguel), protector de la verdad;

+ al arcángel (Rafael), sanador del cuerpo y del alma;

+ al arcángel (Gabriel), portador de las visiones y mensajero sagrado.

Que su luz penetre este espacio y purifique mi mente, abriendo mi corazón y mi intuición para recibir guía clara y honesta."

3— SELLADO DEL ESPACIO

Respira profundamente y traza con tu dedo, desde dentro del círculo hacia afuera, una llamada visual que fortalece los límites protectores. Puedes repetir en voz alta:

"Arcángeles Miguel, Rafael y Gabriel, guardianes de mi senda y mis cartas, os doy las gracias por vuestra presencia. Que nada oscuro entre en este recinto. Así sea."

¿POR QUÉ ESTA INVOCACIÓN?

Este ritual está inspirado en prácticas descritas en la Ars Almadel del texto medieval La llave menor de Salomón, que enseña a invocar ángeles a través de sellos, nombres sagrados y combinaciones simbólicas para protección y claridad espiritual.

La elección de Miguel, Rafael y Gabriel responde a sus funciones tradicionales: defensa, sanación y revelación.

CONSEJOS PARA EL APRENDIZ

- Intención clara: No recites en piloto automático. Siente cada palabra, visualízala.

- Frecuencia: Usa esta invocación cada vez que el ambiente, la lectura o el estado emocional del consultante lo requiera.

- Respeto y humildad: Reconoce que este ritual no es magia trivial, sino un compromiso con las fuerzas angelicales y la responsabilidad de tu labor.

Así, al encender tu vela, al perfumar el aire y al trazar el círculo, creas un refugio sagrado donde la sabiduría puede manifestarse.

ÁREA DE TRABAJO

El espacio donde se leen las cartas no es cualquier mesa. Es un altar de conexión, un sitio donde el mundo visible se entrelaza con el invisible. Preparar adecuadamente tu área de trabajo es esencial para garantizar concentración, respeto y una lectura clara y sin interferencias.

1. LIMPIEZA FÍSICA Y ENERGÉTICA

Antes de cada jornada de lectura:

• Limpia la superficie con agua y vinagre o un preparado de romero, ruda y albahaca.

• Pasa incienso de copal, sándalo o mirra por el área.

• Si lo prefieres, puedes hacer una oración breve o una afirmación positiva para abrir el espacio.

"Limpio este espacio de todo lo que no sea luz, verdad y claridad."

2. MESA Y MANTEL

• La mesa debe ser firme, limpia y estar reservada para este propósito.

• Cúbrela con un mantel especial. Puede ser blanco, negro, violeta o del color que te inspire conexión.

• Algunos cartomancistas bordan o dibujan símbolos en sus manteles: estrellas, cruces, soles, ojos, etc.

3. ELEMENTOS ESENCIALES

Estos objetos no son obligatorios, pero muchos lectores los utilizan para fortalecer su enfoque:

• Una vela (blanca, si no hay una intención específica).

• Una piedra (amatista, cuarzo o turmalina, según la necesidad).

• Un incienso encendido.

• Un cuaderno para anotar las tiradas importantes.

- Un vaso de agua (para absorber energías densas).

- Un objeto personal que te conecte con tu intuición (puede ser un amuleto, una medalla, una figura espiritual).

4. ILUMINACIÓN Y SILENCIO

- La luz debe ser suave, suficiente pero no estridente.

- El ambiente debe invitar a la introspección: silencio o música instrumental muy suave.

- Evita distracciones visuales o sonoras. El celular debe estar fuera del área, al igual que cualquier objeto no relacionado con la lectura.

5. POSICIÓN DEL LECTOR Y DEL CONSULTANTE

- El lector debe sentarse frente a la entrada del consultante, con la baraja en el centro.

- La mesa debe permitir que ambos estén cómodos pero sin invadir el espacio energético del otro.

- En lecturas a distancia, asegúrate de que tu área esté igualmente preparada: las energías viajan.

Un espacio consagrado

Tu área de trabajo debe ser tu santuario. Al estar en ese espacio, tu mente se prepara, tu energía se alinea y tu intuición despierta. Si lo cuidas y lo respetas, las cartas hablarán con mayor claridad.

Este espacio tuyo debe emanar luz y paz.

OROS Y SU SIGNIFICADO

El palo de Oros representa el mundo material: el dinero, los bienes, la estabilidad, el cuerpo físico y la concreción de los sueños en el plano terrenal. También habla del trabajo, las posesiones, las inversiones y el valor personal.

Cuando las cartas de Oros aparecen en una tirada, suelen señalar situaciones concretas, resultados visibles, preocupaciones económicas o logros tangibles.

Los Oros son un palo asociado con el elemento tierra.

AS DE OROS	SIGNIFICADO
1	al derecho: Comienzo prometedor en asuntos económicos, nueva oportunidad laboral, regalo, ganancia inesperada, éxito inicial.
	al revés: Oportunidad perdida, gastos innecesarios, inversión fallida, codicia.

DOS DE OROS	SIGNIFICADO
2	al derecho: Equilibrio entre dos fuentes de ingreso, inversiones, buena administración, movimientos de dinero.
	al revés: Mal manejo del dinero, inestabilidad, deudas ocultas, decisiones impulsivas.

TRES DE OROS	SIGNIFICADO
	al derecho: Trabajo en equipo, proyecto sólido, reconocimiento laboral, primeros frutos de un esfuerzo.
	al revés: Falta de colaboración, trabajos mal hechos, frustración en proyectos conjuntos.

CUATRO DE OROS	SIGNIFICADO
	al derecho: Ahorro, necesidad de estabilidad, posesividad, resistencia al cambio, prudencia con los recursos.
	al revés: Avaricia, miedo excesivo a perder, apego dañino a lo material, bloqueo financiero

CINCO DE OROS	SIGNIFICADO
	al derecho: Dificultades económicas, pérdida, exclusión, necesidad de ayuda, lecciones a través de la escasez.
	al revés: Avaricia, Salida lenta de una crisis, negarse a pedir ayuda, esperanza tímida, recursos limitados.

SEIS DE OROS	SIGNIFICADO
	al derecho: Generosidad, préstamos, donaciones, ayuda recibida o brindada, equilibrio en el dar y recibir.
	al revés: Desequilibrio entre dar y recibir, dependencia económica, favores con condiciones ocultas.

SIETE DE OROS	SIGNIFICADO
	al derecho: Espera paciente, cosecha futura, inversión a largo plazo, evaluación de resultados.
	al revés: Impaciencia, frustración, mala inversión, querer resultados inmediatos.

OCHO DE OROS	SIGNIFICADO
	al derecho: Aprendizaje, perfeccionamiento, disciplina, trabajo constante, desarrollo profesional.
	al revés: Mediocridad, pereza, falta de progreso, distracción en el trabajo.

NUEVE DE OROS	SIGNIFICADO
	al derecho: Abundancia, independencia económica, logros materiales, bienestar gracias al esfuerzo propio.
	al revés: Inseguridad financiera, dependencia, vida cómoda a costa de otros, vanidad.

SOTA DE OROS	SIGNIFICADO
	al derecho: Persona joven o aprendiz en asuntos materiales, nuevas ideas de negocio, estudiante aplicado.
	al revés: Persona inmadura con el dinero, descuido en estudios o proyectos, irresponsabilidad.

CABALLO DE OROS	SIGNIFICADO
	al derecho: Esfuerzo constante, persona responsable y trabajadora, avance lento pero seguro.
	al revés: Terquedad, estancamiento, resistencia al cambio, rutina asfixiante.

REY DE OROS	SIGNIFICADO
	al derecho: Hombre exitoso en los negocios, liderazgo económico, visión a largo plazo, riqueza establecida.
	al revés: Hombre ambicioso sin escrúpulos, corrupción, egoísmo, obsesión por el poder.

COPAS Y SU SIGNIFICADO

El palo de Copas representa el mundo emocional y espiritual: el amor, los sentimientos, los vínculos afectivos, la intuición, los sueños y el alma. También se relaciona con la creatividad, la empatía, la familia y las relaciones humanas.

Cuando las cartas de Copas aparecen en una lectura, suelen señalar asuntos del corazón, relaciones personales, decisiones sensibles y necesidades emocionales.

Las copas se asocian con el elemento agua.

AS DE COPAS	SIGNIFICADO
1	al derecho: Inicio de una relación amorosa, renovación emocional, bendición espiritual, inspiración.
	al revés: Amor bloqueado, tristeza profunda, estancamiento emocional, insatisfacción.

DOS DE COPAS	SIGNIFICADO
2	al derecho: Unión, amor correspondido, sociedad armoniosa, reconciliación, encuentro de almas.
	al revés: Ruptura, desacuerdo, amor no correspondido, separación, conflicto en relaciones.

TRES DE COPAS	SIGNIFICADO
	al derecho: Celebración, amistad, encuentros felices, noticias alegres, nacimiento o bodas.
	al revés: Excesos, chismes, triángulos amorosos, amistad rota, celebraciones vacías.

CUATRO DE COPAS	SIGNIFICADO
	al derecho: Descontento emocional, necesidad de introspección, apatía, falta de gratitud.
	al revés: Renovación emocional, abrirse a nuevas oportunidades, salir del letargo.

CINCO DE COPAS	SIGNIFICADO
	al derecho: Pérdida sentimental, duelo, nostalgia, decepción, aprendizaje a través del dolor.
	al revés: Superación del duelo, nueva esperanza, perdón, reconstrucción emocional.

SEIS DE COPAS	SIGNIFICADO
	al derecho: Recuerdos, infancia, reencuentros, vínculos del pasado, ternura, inocencia.
	al revés: Nostalgia enfermiza, vivir del pasado, inmadurez emocional, apego infantil.

SIETE DE COPAS	SIGNIFICADO
	al derecho: Opciones múltiples, fantasías, ilusiones, creatividad desbordada, decisiones por tomar.
	al revés: Confusión, engaños, malas elecciones, dispersión, ilusiones rotas.

OCHO DE COPAS	SIGNIFICADO
	al derecho: Abandono voluntario, búsqueda de sentido, dejar atrás lo que ya no llena, retiro.
	al revés: Dificultad para dejar atrás, relaciones tóxicas, quedarse por miedo, evasión.

NUEVE DE COPAS	SIGNIFICADO
	al derecho: Satisfacción, deseo cumplido, bienestar emocional, gratificación, plenitud.
	al revés: Egocentrismo, capricho, placer vacío, vanidad emocional, falsa satisfacción.

SOTA DE COPAS	SIGNIFICADO
	al derecho: Persona joven o inmadura en lo afectivo, mensaje amoroso, sensibilidad, gestos románticos.
	al revés: Inmadurez afectiva, mensajes engañosos, manipulación emocional.

CABALLO DE COPAS	SIGNIFICADO
	al derecho: Propuesta amorosa, conquista sentimental, caballero soñador, artista, persona gentil.
	al revés: Persona inestable, conquistador superficial, promesas vacías, huida emocional.

REY DE COPAS	SIGNIFICADO
	al derecho: Hombre maduro emocionalmente, equilibrio afectivo, consejero, protector, sabio en el amor.
	al revés: Hombre que reprime emociones, frío, distante, o que manipula sentimentalmente.

ESPADAS Y SU SIGNIFICADO

El palo de Espadas representa la mente, el pensamiento lógico, los conflictos, la justicia, las decisiones difíciles, las palabras y la verdad. Es el palo de los desafíos, pero también de la claridad mental. Puede señalar dolor, ruptura, traición, pero también resolución, lucha y evolución.

Cuando predominan las Espadas en una tirada, suelen advertir de situaciones tensas, momentos de prueba, necesidad de actuar con inteligencia y objetividad.

Las espadas se asocian con el elemento aire.

AS DE ESPADAS	SIGNIFICADO
	al derecho: Verdad revelada, claridad mental, decisión justa, inicio que exige firmeza.
	al revés: Mentira, confusión, decisiones erradas, verdad oculta o manipulada.

DOS DE ESPADAS	SIGNIFICADO
	al derecho: Duda, bloqueo emocional, necesidad de elegir entre dos caminos, ceguera temporal.
	al revés: Toma de decisión forzada, desequilibrio emocional, verdad negada..

TRES DE ESPADAS	SIGNIFICADO
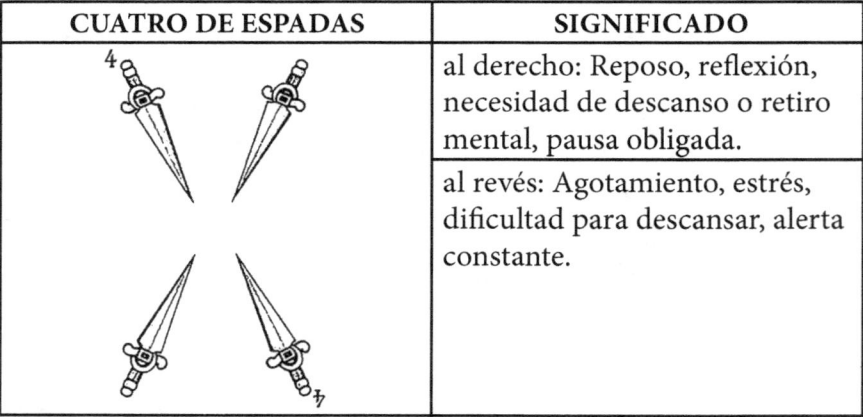	al derecho: Dolor profundo, traición, ruptura sentimental, desilusión, verdad que hiere.
	al revés: Sanación de una herida, reconciliación lenta, perdón, comprensión del dolor.

CUATRO DE ESPADAS	SIGNIFICADO
	al derecho: Reposo, reflexión, necesidad de descanso o retiro mental, pausa obligada.
	al revés: Agotamiento, estrés, dificultad para descansar, alerta constante.

CINCO DE ESPADAS	SIGNIFICADO
	al derecho: Conflicto, discusión, victoria con sabor amargo, traición, injusticia.
	al revés: Culpa, necesidad de reparar, retirada del conflicto, remordimiento.

SEIS DE ESPADAS	SIGNIFICADO
	al derecho: Transición, cambio necesario, alejamiento de situaciones difíciles, viaje emocional.
	al revés: Miedo al cambio, estancamiento, rechazo a abandonar lo tóxico.

SIETE DE ESPADAS	SIGNIFICADO
	al derecho: Engaño, estrategia oculta, alguien que no dice la verdad, evasión.
	al revés: Mentiras descubiertas, verdad que sale a la luz, torpeza en la estrategia.

OCHO DE ESPADAS	SIGNIFICADO
	al derecho: Prisión mental, sentirse atrapado, limitaciones internas, miedo paralizante.
	al revés: Liberación mental, darse cuenta de que el encierro era autoimpuesto.

NUEVE DE ESPADAS	SIGNIFICADO
	al derecho: Ansiedad, insomnio, remordimientos, pensamientos obsesivos, angustia.
	al revés: Fin de una etapa de ansiedad, claridad mental en recuperación.

SOTA DE ESPADAS	SIGNIFICADO
	al derecho: Persona joven o inmadura que investiga, observa, aprende con rapidez. Ideas nuevas.
	al revés: Chismes, espionaje, inmadurez mental, palabras hirientes sin pensar.

CABALLO DE ESPADAS	SIGNIFICADO
	al derecho: Acción rápida, persona impulsiva o valiente, lucha directa, ir hacia el conflicto.
	al revés: Impulsividad destructiva, agresión verbal, decisiones imprudentes.

REY DE ESPADAS	SIGNIFICADO
	al derecho: Hombre racional, firme, con autoridad. Líder, juez, estratega. Habla con verdad.
	al revés: Hombre autoritario, frío, tirano, juez parcial, falta de empatía.

BASTOS Y SU SIGNIFICADO

El palo de Bastos representa la acción, la energía, la pasión, la fuerza interior, la voluntad, los emprendimientos y los caminos. También está relacionado con los viajes, los cambios, el trabajo físico, los proyectos y la espiritualidad activa.

Cuando predominan los Bastos en una tirada, indican movimiento, dinamismo, decisiones que requieren coraje y situaciones que exigen actuar con determinación y creatividad.

Los bastos se asocian con el elemento fuego.

AS DE BASTOS	SIGNIFICADO
	al derecho: Nuevo comienzo lleno de energía, inspiración, pasión, idea que prende fuego al alma. Pasión.
	al revés: Energía bloqueada o desperdiciada, falta de motivación, oportunidad que no se aprovecha.

DOS DE BASTOS	SIGNIFICADO
	al derecho: Decisión entre dos caminos, planificación, visión de futuro, necesidad de actuar.
	al revés: Miedo a actuar, indecisión, planes sin ejecutar, visión limitada. Procastinación.

TRES DE BASTOS	SIGNIFICADO
	al derecho: Éxito en expansión, progreso, viajes, crecimiento, apoyo externo. Oportunidades nuevas.
	al revés: Obstáculos en los planes, demora en resultados, falta de apoyo.

CUATRO DE BASTOS	SIGNIFICADO
	al derecho: Celebración, estabilidad, hogar armonioso, buenas noticias, victoria compartida.
	al revés: Inestabilidad en el hogar, celebración aplazada, tensiones familiares.

CINCO DE BASTOS	SIGNIFICADO
	al derecho: Competencia, conflictos leves, esfuerzo necesario, pruebas que fortalecen.
	al revés: Conflictos innecesarios, caos, desorden, competencia desleal.

SEIS DE BASTOS	SIGNIFICADO
	al derecho: Reconocimiento, victoria, logro público, confianza ganada con mérito.
	al revés: Fracaso, falta de reconocimiento, inseguridad, orgullo herido.

SIETE DE BASTOS	SIGNIFICADO
	al derecho: Defensa, firmeza ante oposición, proteger lo que se ha logrado.
	al revés: Falta de defensa, rendirse, vulnerabilidad, baja autoestima.

OCHO DE BASTOS	SIGNIFICADO
	al derecho: Rapidez, noticias que llegan, movimiento fluido, avance sin obstáculos.
	al revés: Bloqueo, retrasos, comunicaciones cortadas, interrupciones.

NUEVE DE BASTOS	SIGNIFICADO
	al derecho: Resistencia, estar preparado, no rendirse pese al cansancio, lecciones aprendidas.
	al revés: Paranoia, fatiga extrema, sentirse amenazado sin razón clara.

SOTA DE BASTOS	SIGNIFICADO
	al derecho: Persona joven enérgica, noticias positivas, mensaje de acción, impulso inicial.
	al revés: Persona inmadura, rebeldía, irresponsabilidad, mensajes engañosos.

CABALLO DE BASTOS	SIGNIFICADO
	al derecho: Viaje inminente, persona apasionada, explorador, decisiones impulsivas.
	al revés: Inestabilidad, impulsividad destructiva, abandono repentino, aventuras fallidas.

REY DE BASTOS	SIGNIFICADO
	al derecho: Hombre emprendedor, líder, fuerte y generoso, capaz de motivar y dirigir.
	al revés: Hombre autoritario, abusivo, egoísta, manipulador de su poder.

Con esto hemos completado los cuatro palos de la baraja española.

Para memorizarlos es conveniente que practiques diariamente sacando tres cartas diferentes de la siguiente manera:

Echas una carta y buscas el significado de la posición en la que cayó. No busques el significado de la otra posición para que no te confundas. Lo anotas en una libreta.

Echas la segunda y repites el mismo procedimiento.

Echas la tercera, etc.

Por el resto del día, lees tu cuaderno varias veces hasta que memorices el significado de cada carta en la posición en que cayó.

Al día siguiente revuelves todas las cartas y vuelves a echar 3 siguiendo el procedimiento anterior.

Y entonces buscas el significado de las tres cartas del día anterior al revés de como cayeron.

Durante el día, memorizas el significado de las tres cartas nuevas y el significado opuesto de las tres cartas del día anterior.

Por ejemplo:

Día Uno— Sacas: As de Oros al revés, 8 de Bastos al revés y 10 de Espadas al derecho. Ese día memorizas solamente esas cartas.

Día Dos— Sacas: 3 de Copas al derecho, sota de bastos al revés y 7 de copas al revés.

Este día memorizas el significado de las tres cartas del día, más el significado opuesto de las cartas del día anterior. En este ejemplo serían: As de Oros al derecho, el 8 de Bastos al derecho y el 10 de Espadas al revés.

Sigue practicando hasta que aprendas los significados al revés y al derecho de cada carta.

En las siguientes páginas encontrarás una tabla para que lleves un registro de las cartas cuyo significado ya tienes memorizado.

PRACTICAS DE APRENDIZAJE DE LECTURA

Cada vez que saques una carta en tu práctica diaria, anota en la respectiva columna, la fecha en la que dicha carta salió para su memorización.

Al cabo de unas sesiones empieza a practicar con las cartas que han salido menos y anota en la columna la fecha en la que practicaste con dicha carta.

Cuando te sientas que has memorizado su significado, marca OK en la última columna.

Estas tablas te ayudarán a darle a cada carta, el tiempo necesario para su memorización.

Usa la sección de notas para llevar un registro de tus pensamientos, si alguna carta te dio más o menos trabajo de memorizar. Si alguna carta nunca salió en la práctica al azar o si alguna carta salió repetidamente.

Todo esto te va a ayudar a aprender de tu misma persona y también te va a ayudar a afinar tu intuición.

OROS

CARTA	R	D	R	D	R	D	OK
AS (1)							
2							
3							
4							
5							
6							
7							
8							
9							
SOTA							
Caballo							
Rey							

NOTAS:

COPAS

CARTA	R	D	R	D	R	D	OK
AS (1)							
2							
3							
4							
5							
6							
7							
8							
9							
SOTA							
Caballo							
Rey							

NOTAS:

ESPADAS

CARTA	R	D	R	D	R	D	OK
AS (1)							
2							
3							
4							
5							
6							
7							
8							
9							
SOTA							
Caballo							
Rey							

NOTAS:

BASTOS:

CARTA	R	D	R	D	R	D	OK
AS (1)							
2							
3							
4							
5							
6							
7							
8							
9							
SOTA							
Caballo							
Rey							

NOTAS:

RECURRENCIA DE NÚMEROS

Además del significado individual de cada carta, la repetición de un mismo número en una tirada tiene un valor simbólico importante. Aquí te vamos a explicar cómo interpretar su significado.

La presencia de dos, tres o más cartas con el mismo número resalta una vibración numérica específica que afecta el mensaje general de la lectura.

A continuación, te presento una guía interpretativa para cada número del 1 al 9 cuando aparece en dos o más cartas dentro de la misma tirada:

ASES (1)

Nuevos comienzos, energía concentrada, potencia en estado puro. El consultante inicia una etapa.

DOSES

Dualidad, decisiones, asociaciones, necesidad de equilibrio. Algo debe definirse.

TRESES

Expansión, creatividad, acción conjunta, comunicación. Hay apoyo o colaboración en camino.

CUATROS

Estabilidad, estructura, base sólida. También puede indicar estancamiento si hay exceso.

CINCOS

Cambio, conflicto, desafío. Momento de prueba o transformación necesaria.

SEISES

Armonía, equilibrio, retorno al orden. Puede hablar de familia, deber o ayuda mutua.

SIETES

Búsqueda, introspección, análisis profundo. Momento de tomar distancia para comprender.

OCHOS

Movimiento, trabajo, avance. Esfuerzo constante con promesa de progreso.

NUEVES

Cierre de ciclo, madurez, culminación. También introspección y sabiduría adquirida.

¿CÓMO SE INTERPRETA?

- Dos cartas con el mismo número: el mensaje es importante, pero aún está en desarrollo.
- Tres cartas con el mismo número: la energía del número domina la tirada; es una señal clara y urgente.
- Cuatro o más cartas del mismo número: atención máxima; el universo está marcando ese número como clave del momento.

CONSEJO PARA EL CARTOMANCISTA

Cuando notes una recurrencia, haz una pausa. Antes de continuar interpretando carta por carta, identifica lo que ese número quiere decir en la vida del consultante.

Muchas veces, la clave está más en la estructura numérica de la tirada que en los símbolos individuales.

Lleva un diario de lecturas para que si este mismo cliente regresa a ti, tú puedas entender los patrones de números que lo siguen. Verás que resulta sumamente interesante guardar esta información.

A continuación, te daremos una lista de tendidos, y cómo se interpretan.

LA CRUZ DE SAN ANDRÉS

La Cruz de San Andrés es un método tradicional y poderoso, ideal para lecturas generales. Su forma en equis (X) representa la intersección de caminos, el destino, las pruebas y las decisiones importantes. Es perfecta para consultas amplias cuando el consultante desea saber "qué le depara el futuro".

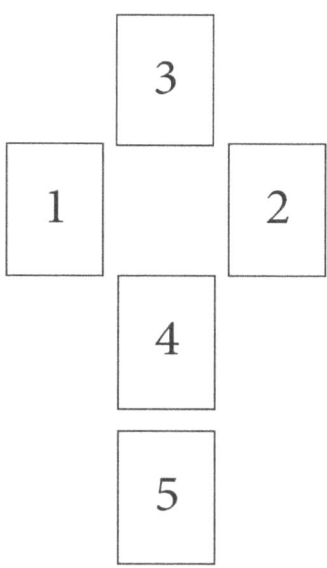

DISPOSICIÓN DE LAS CARTAS

Se colocan 5 cartas formando una X, como una cruz:

Significado de cada posición

1— CARTA DEL PASADO

Representa lo que ya ocurrió y que influye directamente en la situación presente.

2— CARTA DEL FUTURO PRÓXIMO

Lo que está por venir a corto plazo, a partir de lo sembrado en el pasado.

3— CARTA DE LO QUE ESTÁ EN LO ALTO (LO ESPIRITUAL O MENTAL)

Lo que se piensa, se desea o se teme. También puede indicar bendiciones ocultas o aprendizajes.

4— CARTA DE LO QUE ESTÁ EN LO BAJO (LO EMOCIONAL O MATERIAL)

El estado anímico, las condiciones terrenales o factores inconscientes que afectan la situación.

5— CARTA DEL RESULTADO FINAL

El desenlace probable si se continúa por el camino actual. Representa la síntesis de las fuerzas en juego.

CONSEJOS PRÁCTICOS

• Ideal para: consultas generales, decisiones de vida, evolución espiritual o emocional.

• Complemento visual: Puedes añadir al lado del esquema el dibujo de una X con las cartas en cada punta y una al centro, para guiar al lector.

• Lectura adicional: Si el resultado no es claro, puedes extraer una sexta carta de aclaración, colocándola debajo de la carta 5.

LA GRAN PIRÁMIDE

Este método de tirada toma la forma de una pirámide o triángulo, símbolo del crecimiento, el ascenso espiritual y la estabilidad. Es excelente para explorar el desarrollo de una situación en el tiempo, sobre todo si se desea ver evolución y posibles desenlaces.

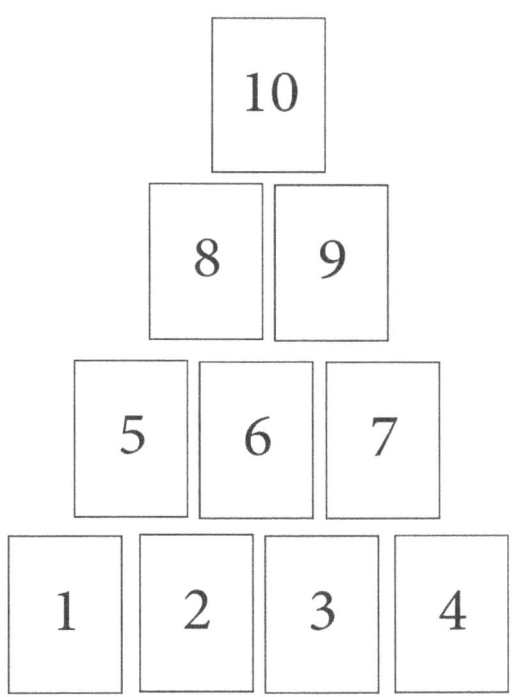

DISPOSICIÓN DE LAS CARTAS

Se utilizan 10 cartas distribuidas en 4 niveles, comenzando por la base:

Significado por niveles

NIVEL 1: BASE — SITUACIÓN ACTUAL

• Cartas 1, 2 y 3

Muestran el estado presente: qué está ocurriendo, qué siente o vive el consultante, qué energía lo rodea. Este nivel habla del "ahora".

NIVEL 2: DESARROLLO — INFLUENCIAS CERCANAS

• CARTAS 4, 5 Y 6

Indican las fuerzas que están en movimiento, personas involucradas, decisiones próximas. Pueden hablar de obstáculos o apoyos.

NIVEL 3: PROYECCIÓN — FUTURO CERCANO

• CARTAS 7, 8 Y 9

Revelan cómo evolucionará la situación si se sigue por el camino actual. Es un vistazo al futuro inmediato.

NIVEL 4: CIMA — RESULTADO FINAL O LECCIÓN

• CARTA 10

La cima de la pirámide representa la síntesis de todo lo anterior. Puede ser un resultado final, una advertencia o una revelación espiritual.

CONSEJOS PRÁCTICOS

• Ideal para: analizar procesos largos como relaciones, trabajos, emprendimientos o evolución personal.

• Tiempo estimado de lectura: de 1 a 6 meses, dependiendo del contexto.

• Lectura ampliada: si la carta 10 es ambigua, puedes añadir una carta 11 de aclaración a su lado, como "ojo que todo lo ve" en la punta de la pirámide.

LA MAGNA ESTRELLA

La tirada de La Magna Estrella es utilizada para explorar aspectos profundos del ser: misión de vida, propósito espiritual, conexión con el alma, dones ocultos y lecciones kármicas. También puede adaptarse a preguntas importantes sobre relaciones, decisiones cruciales o revelaciones interiores.

Su forma emula una estrella de seis puntas: un símbolo de armonía entre el cielo y la tierra, lo espiritual y lo material.

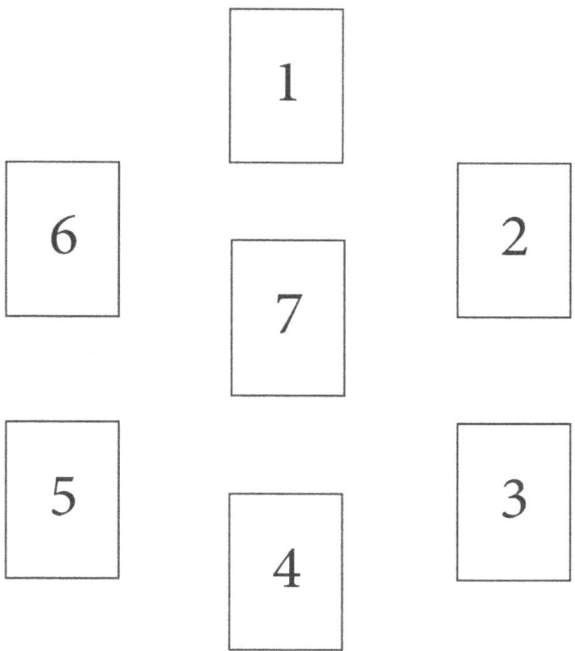

DISPOSICIÓN DE LAS CARTAS

Se usan 7 cartas dispuestas en forma de estrella con una carta central:

Significado de cada posición

1— TU MISIÓN

Qué has venido a hacer, cuál es tu llamado superior o tu propósito profundo.

2— TUS TALENTOS O VIRTUDES

Lo que traes contigo, tus herramientas internas, tus dones naturales.

3— TUS DESAFÍOS

Lo que debes superar, tus pruebas, tus lecciones en esta etapa.

4— TU FUERZA SECRETA

Lo que quizás no sabes que tienes pero que te sostiene en los momentos difíciles.

5— INFLUENCIA DEL PASADO

Experiencias, heridas o aprendizajes que siguen actuando en tu presente.

6— LO QUE TE RODEA AHORA

El entorno actual, personas clave, influencias externas o energías que te afectan.

7— SÍNTESIS O GUÍA ESPIRITUAL

El consejo mayor, la verdad que debes integrar, la dirección que te llevará hacia tu evolución.

CONSEJOS PRÁCTICOS

- Ideal para: lecturas introspectivas, descubrimiento del propósito, decisiones que afectan la vida entera.

- Complemento visual: una estrella con puntas numeradas y la carta central como núcleo.

- Variante: puedes agregar una carta 8 si el consultante desea una "puerta de salida" o una acción concreta para tomar.

EL CÍRCULO ENCANTADO

El Círculo Encantado es un método de lectura que abarca todos los aspectos de la vida del consultante en el momento presente. Al formar un círculo con las cartas, se representa el flujo constante de la energía, los ciclos que se abren y se cierran, y la totalidad del ser.

Se usa comúnmente en consultas donde no hay una pregunta específica, pero sí el deseo de "ver qué hay", o cuando el lector desea hacer una lectura profunda y panorámica.

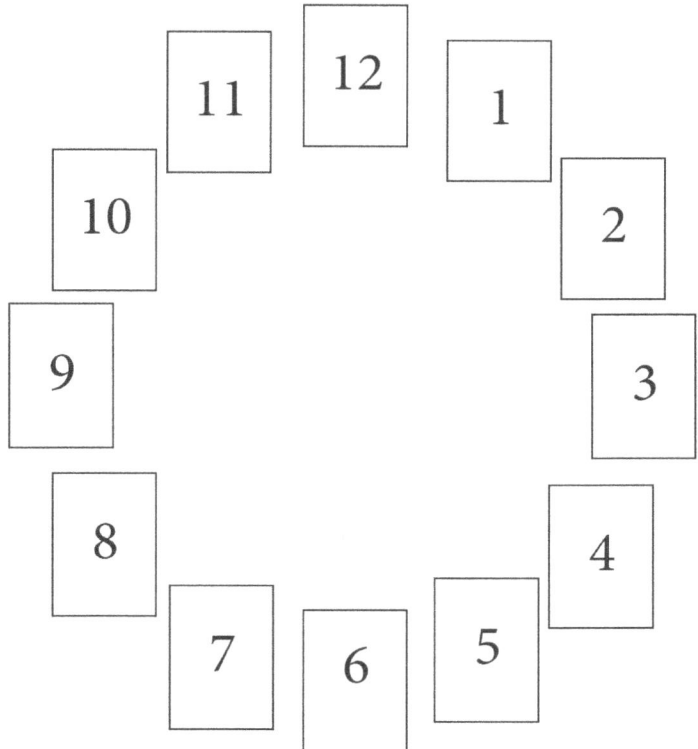

DISPOSICIÓN DE LAS CARTAS

Se colocan 12 cartas en forma de círculo, como los números en la carátula de un reloj.

O también puede visualizarse como un simple círculo con las cartas numeradas en sentido horario del 1 al 12.

SIGNIFICADO DE CADA POSICIÓN

1

Personalidad, cómo se muestra al mundo

2

Economía, bienes materiales, manejo del dinero

3

Comunicación, estudios, entorno cercano

4

Hogar, raíces, familia, base emocional

5

Creatividad, amor, hijos, proyectos personales

6

Trabajo cotidiano, salud física, rutinas

7

Relaciones de pareja, vínculos íntimos

8

Transformaciones, pérdidas, sexualidad, renacimiento

9

Filosofía de vida, creencias, viajes, educación superior

10

Carrera profesional, metas a largo plazo, imagen pública

11

Amistades, grupos, causas colectivas

12

Inconsciente, secretos, bloqueos ocultos, mundo interior

CONSEJOS PRÁCTICOS

• Ideal para: diagnósticos generales, lecturas de cumpleaños, comienzos de ciclo, revisión de vida.

• Tiempo estimado de influencia: 3 a 6 meses.

• Variante mágica: Se puede realizar en luna llena, con una vela blanca al centro del círculo, para mayor conexión intuitiva.

• Lectura adicional: Una carta 13 al centro puede actuar como síntesis o guía espiritual del momento.

MÉTODO CONSEJO

El Método Consejo es una tirada simple pero poderosa, ideal para responder preguntas concretas con claridad. No busca describir todo el panorama, sino brindar orientación inmediata sobre qué camino tomar, cómo actuar o qué decisión es la más conveniente.

DISPOSICIÓN DE LAS CARTAS

Se utilizan 3 cartas colocadas en línea horizontal:

Significado de cada carta

1— LO QUE DEBES SABER

Esta carta revela la verdad central del asunto. Puede mostrar algo que el consultante no ha considerado o no quiere ver.

2— LO QUE DEBES EVITAR

Indica qué acción, actitud o energía sería perjudicial o no conducente. A veces advierte de una persona o una trampa.

3— LO QUE DEBES HACER

Es la guía clara: una sugerencia de camino, respuesta positiva o conducta a seguir.

VARIACIONES

• Si el consultante no está satisfecho con la respuesta o desea más profundidad, puede agregarse una cuarta carta de consejo espiritual o emocional, colocándola encima de la carta 3.

• También puede hacerse con cartas invertidas, para matizar aún más los consejos.

EJEMPLOS DE PREGUNTAS PARA ESTA TIRADA

— "¿Debo aceptar esta oferta de trabajo?"
— "¿Debo hablar con mi pareja sobre lo que siento?"
— "¿Es conveniente mudarme a otra ciudad?"
— "¿Cómo puedo enfrentar este conflicto con mi familia?"

CONSEJO PARA EL CARTOMANCISTA

Este método es rápido y directo, pero exige una interpretación sincera y compasiva. Muchas veces el consultante ya conoce la respuesta: tú solo le estás mostrando lo que su alma ya sabe.

TIRADA PARA UN PROCESO

Esta tirada es ideal cuando el consultante se encuentra involucrado en un juicio, trámite legal, proceso migratorio, solicitud laboral, evaluación médica o cualquier situación que requiere resolución formal. El objetivo es ofrecer una visión clara del desarrollo, los factores ocultos y el posible desenlace.

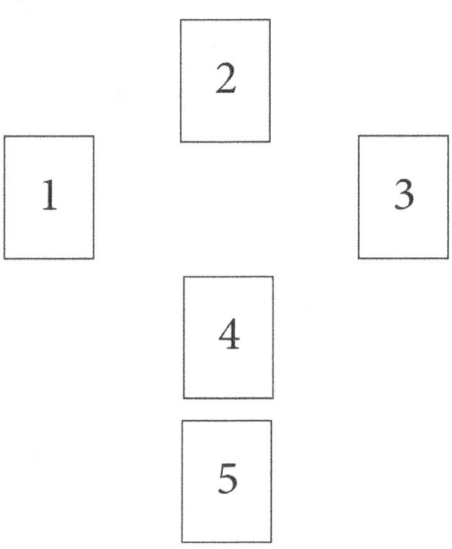

DISPOSICIÓN DE LAS CARTAS

Se utilizan 5 cartas, dispuestas en forma de balanza:

SIGNIFICADO DE CADA POSICIÓN

1— SITUACIÓN ACTUAL DEL PROCESO

Qué energía predomina ahora, qué tan avanzado o detenido está el asunto.

2— A FAVOR DEL CONSULTANTE

Personas, documentos, decisiones previas o energías que juegan a su favor.

3— EN CONTRA DEL CONSULTANTE

Obstáculos, enemigos ocultos, errores, retrasos, carencias o energías adversas.

4— EVOLUCIÓN DEL PROCESO

Cómo avanzará en el corto plazo, qué giro puede dar, sorpresas o movimientos esperados.

5— RESULTADO PROBABLE

Si todo sigue como está, esta carta muestra el desenlace más probable del proceso.

VARIACIONES

• Puede agregarse una sexta carta si el consultante quiere saber qué puede hacer para influir positivamente en el resultado.

• Es recomendable usar esta tirada con la baraja bien purificada y, si es posible, con una vela azul encendida (color vinculado a la justicia y la verdad).

CONSEJO PARA EL CARTOMANCISTA

No prometas victorias ni fracasos absolutos. Esta tirada revela tendencias, pero muchos procesos dependen también de factores externos y del libre albedrío de las partes involucradas.

Sé claro, pero no fatalista.

TIRADA PARA UNA HERENCIA

Esta tirada se utiliza cuando el consultante está involucrado en un asunto de herencia, ya sea pendiente, en disputa, o para entender si existe algún legado oculto o energético que le corresponde. También puede aplicarse a herencias simbólicas: talentos, karma, cargas familiares.

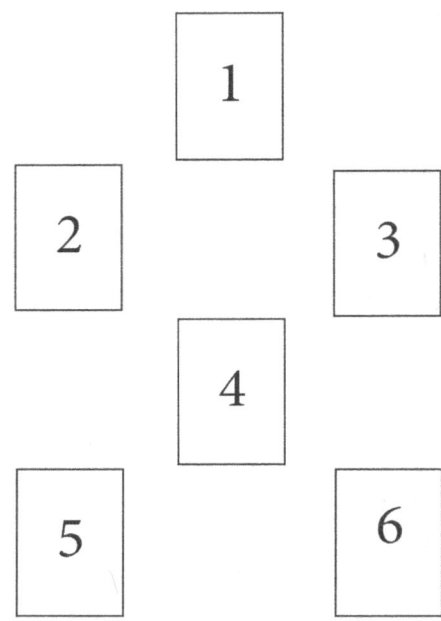

DISPOSICIÓN DE LAS CARTAS

Se usan 6 cartas en forma de árbol con raíces:

Significado de cada carta

1— EL LEGADO

Qué se hereda, qué está en juego (bien material, valor simbólico, poder, responsabilidad, etc.).

2— RELACIÓN CON LOS HEREDEROS

Cómo son o serán las dinámicas entre las personas involucradas. Posibles alianzas o conflictos.

3— SITUACIÓN LEGAL O ENERGÉTICA

El estado del trámite, los obstáculos formales, o energías ocultas que bloquean o impulsan el proceso.

4— LO QUE NO SE VE

Secretos familiares, intenciones no expresadas, documentos perdidos, influencias del pasado.

5— RESULTADO MATERIAL PROBABLE

Qué es lo más probable que reciba el consultante, o qué resolución se vislumbra.

6— RESULTADO EMOCIONAL O ESPIRITUAL

Cómo impactará en su vida este proceso. Qué aprendizaje o liberación obtendrá.

VARIACIONES

- Si el tema involucra bienes aún ocultos o no repartidos, se puede agregar una séptima carta como "llave", para señalar si hay algo más por descubrir.

- Puede complementarse con piedras como ojo de tigre o obsidiana negra, que ayudan a revelar la verdad en contextos familiares.

CONSEJO PARA EL CARTOMANCISTA

La herencia no siempre es lo que se espera. A veces el mayor legado es simbólico, y otras veces, el precio emocional es más alto que el valor material. Trata este tema con respeto, claridad y neutralidad, sin tomar partido.

TIRADA PARA UN ROBO

Esta tirada se utiliza cuando el consultante ha sido víctima de un robo o sospecha de una pérdida no accidental. Puede servir para intentar esclarecer lo ocurrido, ofrecer pistas sobre el objeto o persona implicada, y orientar sobre la recuperación o resignación.

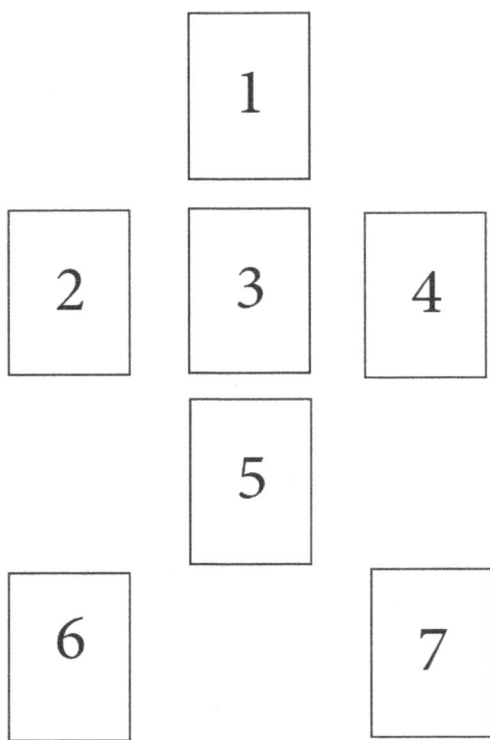

DISPOSICIÓN DE LAS CARTAS

Se utilizan 7 cartas, dispuestas en forma de ojo vigilante:

SIGNIFICADO DE CADA CARTA

1— NATURALEZA DEL ROBO O PÉRDIDA

Qué fue exactamente lo que se perdió, si fue por descuido, traición o destino.

2— QUÉ LO CAUSÓ

Situaciones o personas que generaron el evento, motivaciones o debilidades.

3— QUIÉN ESTÁ INVOLUCRADO

Perfil energético o actitud de la persona responsable (no da nombres, pero sí características).

4— DÓNDE BUSCAR O QUÉ HACER

Sugerencias prácticas, lugares o actitudes que pueden ayudar en la recuperación.

5— PROBABILIDAD DE RECUPERACIÓN

Si es posible recuperar lo robado y qué tan favorable es insistir en ello.

6— CONSECUENCIA EMOCIONAL

Qué ha dejado el evento en el alma del consultante. Lección o advertencia espiritual.

7— CONSEJO FINAL

Qué debe hacer o aceptar el consultante. A veces es rendirse, otras, persistir.

ADVERTENCIAS

- No se usa para acusar directamente a alguien. Nunca digas "fue tal persona" aunque las cartas lo sugieran. Puedes describir energías ("una persona cercana con actitudes posesivas").

- Tampoco reemplaza a una denuncia formal. Es una tirada orientativa, no judicial.

RECOMENDACIONES ENERGÉTICAS

- Se puede realizar con una vela negra o morada para descubrir lo oculto.

- Complementar con una obsidiana, amatista o lapislázuli para fortalecer la intuición.

TIRADA PARA UNA PERSONA QUE ESTÁ PRESA

Esta tirada se realiza cuando el consultante pregunta por alguien que está encarcelado, en proceso legal restrictivo, en detención migratoria o incluso cuando se siente "atrapado" en una situación sin salida (aunque no haya cárcel física). También puede aplicarse a uno mismo.

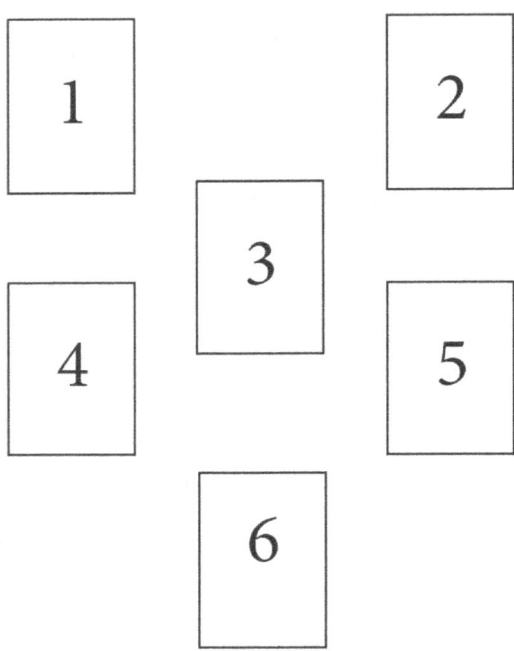

DISPOSICIÓN DE LAS CARTAS

Se utilizan 6 cartas colocadas en forma de celda con una salida:

SIGNIFICADO DE CADA CARTA

1— LA CAUSA PROFUNDA DEL ENCIERRO

Más allá de lo legal: ¿por qué ocurrió esto? Karma, decisiones, influencias externas.

2— LA SITUACIÓN ACTUAL

Cómo se encuentra esa persona ahora: emocional, física o espiritualmente.

3— QUÉ LO MANTIENE ENCERRADO

Qué energía, persona o error impide que salga o avance.

4— QUÉ PUEDE AYUDARLO DESDE AFUERA

Apoyos posibles, consejos, acciones que alguien puede tomar en su favor.

5— QUÉ PUEDE HACER ÉL O ELLA DESDE ADENTRO

Actitudes, reflexiones o decisiones que puede tomar para mejorar su situación.

6— POSIBILIDAD DE LIBERACIÓN O RESOLUCIÓN

¿Habrá una salida? ¿Es favorable su proceso? ¿Debe aceptarse o resistirse?

VARIACIONES

• Puedes agregar una séptima carta si el consultante desea saber si es seguro ayudar o intervenir directamente.

• Esta tirada también sirve para alguien que esté preso emocionalmente: en una relación tóxica, adicción, culpa, etc.

CONSEJO PARA EL CARTOMANCISTA

Este tipo de lectura requiere empatía profunda y neutralidad total. A veces, el consultante busca esperanza desesperadamente; otras veces, necesita aceptar una realidad dura.

Sé canal de claridad, no de juicio.

TIRADA PARA LOS VIAJEROS

Esta tirada se utiliza cuando el consultante está por realizar un viaje, mudanza o traslado importante —ya sea por placer, por trabajo, por necesidad o por destino. También sirve para evaluar si es buen momento para moverse o qué traerá consigo el viaje.

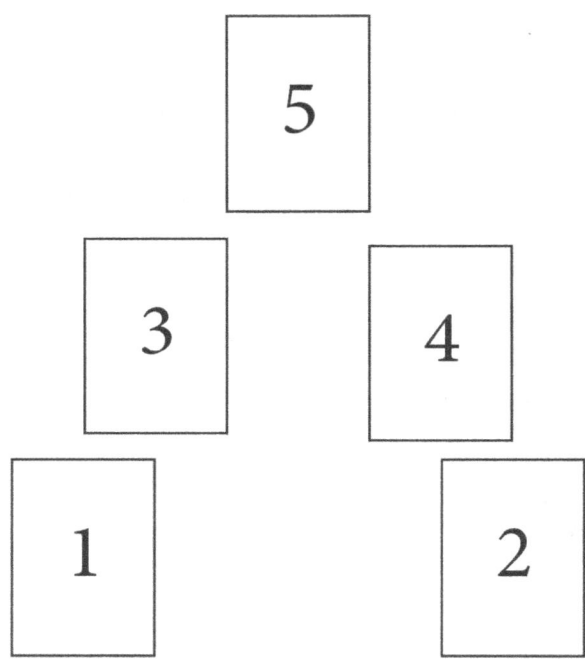

DISPOSICIÓN DE LAS CARTAS

Se utilizan 5 cartas dispuestas en forma de camino ascendente:

Significado de cada carta

1— MOTIVO REAL DEL VIAJE

Qué impulsa al consultante a viajar: una necesidad profunda, una búsqueda, un escape o una oportunidad.

2— ENERGÍA DEL LUGAR DE DESTINO

Cómo es el lugar al que se dirige: acogedor, desafiante, transformador, incierto, etc.

3— OBSTÁCULOS O DESAFÍOS EN EL CAMINO

Peligros, retrasos, interferencias o bloqueos que deben superarse.

4— ALIADOS O AYUDAS

Personas, situaciones o señales que facilitarán el viaje o protegerán al viajero.

5— RESULTADO DEL VIAJE

Qué dejará el viaje en la vida del consultante: crecimiento, cambio, logro, regreso, nueva vida, etc.

VARIACIONES

• Puedes agregar una sexta carta si el consultante duda entre dos destinos o quiere saber si debería o no viajar.

• Ideal para usar con una vela blanca (protección) y una turmalina negra o cuarzo ahumado, para limpiar el camino energético.

CONSEJO PARA EL CARTOMANCISTA

Viajar no siempre es físico. A veces, las cartas mostrarán que el "viaje" es interior. Si las cartas muestran introspección, cambio emocional o renacimiento simbólico, no fuerces una interpretación literal. Escucha el lenguaje del alma.

AUGURIOS

Los augurios son mensajes que surgen de manera inesperada durante la lectura de cartas. Son señales sutiles —o a veces contundentes— que el cartomancista aprende a reconocer con la experiencia y la intuición. Pueden venir en forma de combinaciones repetidas, cartas que "saltan", silencios significativos o sensaciones físicas.

Los augurios no siguen reglas fijas, pero hay patrones tradicionales que conviene conocer.

TIPOS DE AUGURIOS

1. CARTAS QUE SE CAEN O SALTAN DEL MAZO

Si una carta salta sola mientras barajas, no la ignores. Esa carta quiere ser leída. Puede indicar:

- Un mensaje urgente.
- Un espíritu guía interviniendo.
- Un aspecto que el consultante no quiere ver.

— Consejo: colócala a un lado como "mensaje del alma" y léela antes o después de la tirada principal.

2. CARTAS REPETIDAS EN DIFERENTES CONSULTAS

Si una carta aparece una y otra vez en distintas tiradas para el mismo consultante, representa:

- Una energía que se niega a irse.
- Un patrón kármico o repetitivo.
- Una advertencia o lección no aprendida.

3. NÚMEROS REPETIDOS

Múltiples cartas con el mismo número refuerzan una vibración específica (esto lo desarrollamos en la sección de Recurrencia de números). Algunos augurios clásicos:

- Tres cincos: conflictos intensos.
- Tres sietes: pruebas espirituales, destino.
- Cuatro ases: fuerza imparable, giro de vida.

4. TODOS LOS PALOS SON DEL MISMO TIPO

Cuando en una tirada aparecen cartas solo de un palo, indica:

- Solo Oros: preocupación material extrema.
- Solo Copas: el asunto es puramente emocional o sentimental.
- Solo Espadas: conflicto o dolor interno profundo.
- Solo Bastos: movimiento, cambio o crisis de acción.

5. CARTA QUE SE PRESENTA DE ESPALDAS (VOLTEADA SIN MOTIVO)

Si al voltear las cartas una aparece misteriosamente al revés, podría estar ocultando:

- Un secreto no revelado.
- Una energía de traición o autoengaño.
- Un mensaje espiritual: "aún no estás listo para saber".

6. SENSACIONES FÍSICAS O AMBIENTALES

Muchos cartomancistas desarrollan sensibilidad para:

- Cambios en la temperatura (aire frío, calor repentino).
- Ruido o silencio anormal.
- Sensaciones en las manos o el pecho.

Estos pueden ser indicios de presencia espiritual, energía densa o confirmación intuitiva.

EL DON DE LEER ENTRE LÍNEAS

Reconocer los augurios es como leer el susurro entre las palabras. No siempre tienen un significado inmediato, pero cuando se repiten o se sienten con fuerza, es necesario detenerse y prestar atención. Con el tiempo, cada cartomancista desarrolla su propio "diccionario de señales".

— Anota tus propios augurios en un cuaderno. Te sorprenderá ver cómo ciertas señales se repiten con distintos consultantes.

PIEDRAS PRECIOSAS Y SUS VIRTUDES A LA HORA DE ECHAR LAS CARTAS

Las piedras y cristales han sido usados durante siglos para canalizar energía, proteger al lector y amplificar la percepción psíquica. No son indispensables, pero sí altamente recomendables si deseas profundizar tu conexión con las cartas y mantener tu energía limpia.

Puedes colocar una piedra:

• Sobre la mesa de lectura (al centro o en una esquina).

• Sobre tu mazo cuando no lo uses.

• En tu mano dominante o sobre tu chakra del corazón durante lecturas profundas.

A continuación, te presento algunas de las más utilizadas y sus propiedades. En la primera línea te indica sus propiedades. En la segunda línea te indica sus mejores usos.

LISTA DE PIEDRAS RECOMENDADAS

AMATISTA

Claridad espiritual y conexión con lo divino.

Lecturas profundas, protección energética, intuición.

CUARZO TRANSPARENTE

Amplificador energético. Limpieza y enfoque.

Toda lectura. Favorece la claridad mental.

CUARZO ROSA

Amor, compasión y armonía emocional.

Lecturas sobre relaciones y sanación emocional.

OBSIDIANA NEGRA

Protección y verdad. Revela lo oculto.

Lecturas difíciles o con energías densas.

TURMALINA NEGRA

Escudo energético. Absorbe lo negativo.

Protección del cartomancista y del consultante.

LAPISLÁZULI

Comunicación, verdad, intuición.

Lecturas para entender situaciones complejas o hablar con franqueza.

OJO DE TIGRE

Fuerza interior y protección. Aclara lo confuso.

Consultas sobre dinero, herencias, trabajo o robos.

CIANITA AZUL

Facilita la conexión entre el lector y su voz interior.

Lecturas canalizadas o espirituales.

LABRADORITA

Aumenta la percepción psíquica y protege del desgaste energético.

Consultas largas o múltiples lecturas al día.

ÁMBAR

Protección ancestral, calidez y sabiduría antigua.

Lecturas sobre linaje, sanación del pasado, desbloqueo de memorias.

CÓMO USAR LAS PIEDRAS EN TUS LECTURAS

1. Purificación: Límpialas con agua y sal marina (si lo permite la piedra) o con humo de incienso.

2. Consagración: Cárgalas con tu intención. Sostén la piedra entre las manos y di:

"Que esta piedra me guíe con claridad, verdad y luz en cada lectura."

3. Colocación: Usa la que mejor se adapte a tu energía o al tipo de consulta que vas a realizar.

4. Rotación: No uses siempre la misma. Escucha tu intuición y elige la piedra que te llame en el momento que vas a empezar la lectura. Para esto es recomendable tener en algún lugar de tu espacio una caja o contenedor de algún tipo que te agrade, con las piedas que te guste tener a la mano. Antes de empezar tu lectura y cuando tu consultante ya está sentado en la mesa, acércate al contenedor y toma la piedra que te llame. Traela a la mesa de lectura y deja que sus vibraciones te conecten con las verdades que tu consultante desea encontrar en su lectura.

CONSEJO PARA EL CARTOMANCISTA

Las piedras no reemplazan tu don, pero pueden potenciarlo. Son aliadas silenciosas que, con el uso constante, se convierten en parte de tu ritual y tu campo de poder.

Cuídalas, respétalas y ellas cuidarán de ti.

LIBROS RECOMENDADOS PARA EL CARTOMANCISTA

A continuación, una selección de obras esenciales para quien desea profundizar en el arte de echar las cartas. Algunos de estos títulos están disponibles en español, otros solo en inglés, pero todos contienen herramientas valiosas para tu camino.

— CARTOMANCIA Y BARAJA ESPAÑOLA

1. "Cartomancia: El arte de leer el destino con la baraja española"

Autor: Rafael del Mar

Un manual completo sobre el significado de cada carta de la baraja española, con métodos tradicionales y consejos prácticos para principiantes y avanzados.

2. "Manual práctico de cartomancia"

Autor: Jodorowsky (fragmentos en compilaciones)

Aunque más centrado en el tarot, Jodorowsky menciona elementos simbólicos aplicables a toda lectura de cartas.

— TAROT Y SIMBOLISMO UNIVERSAL (COMPLEMENTARIOS)

3. "El tarot de Marsella restaurado"

Autor: Alejandro Jodorowsky y Marianne Costa

Excelente para aprender a leer cartas desde una perspectiva simbólica, intuitiva y sanadora. Aporta profundidad a cualquier sistema de cartas.

4. "78 Degrees of Wisdom"

Autor: Rachel Pollack (inglés)

Considerado uno de los libros más profundos sobre tarot, pero útil para entender el alma de la cartomancia y cómo interpretar con ética y sensibilidad.

— INTUICIÓN, ENERGÍA Y GUÍA ESPIRITUAL

5. "El oráculo del practicante"

Autor: Laura Tuan

Ofrece métodos variados de lectura (incluye cartas, dados, péndulo) y cómo desarrollar la intuición en cada consulta.

6. "Despierta tu sexto sentido"

Autor: Sonia Choquette

Guía para desarrollar la percepción intuitiva, ideal para cartomancistas que deseen fortalecer su canal interior.

— CUADERNOS Y DIARIOS PARA EL LECTOR

7. "Mi diario de lecturas" (recomendación personal)

Al final de este libro te ofrecemos unas cuantas páginas para que lleves un diario de lecturas. Cuando se terminen esas páginas puedes buscar, de esta misma editorial: **"Mi Diario de Lecturas"**. En tu diario, anota cada tirada, fecha, pregunta, cartas que salieron y qué ocurrió después. Este registro será tu mejor maestro.

CONSEJO FINAL

El cartomancista no solo aprende leyendo libros: también lo hace leyendo la vida. Estudia, observa, pregunta, y sobre todo: practica. Con cada consulta, cada tirada, cada carta que cae sobre la mesa, se te revelará un fragmento más del lenguaje sagrado del destino.

DESPEDIDA
EL ARTE DE VER LO INVISIBLE

Has llegado al final de estas páginas, pero al verdadero camino apenas estás comenzando.

Echar las cartas no es simplemente repartir símbolos sobre una mesa. Es abrir puertas, encender luces, cruzar umbrales hacia lo invisible. Es mirar al otro con compasión, con respeto, con la firme intención de ayudar —y también mirar dentro de ti con honestidad.

La baraja es tu herramienta, pero tú eres el canal. Tus manos, tu voz, tu presencia, tu intuición... todo lo que eres se vuelve parte del mensaje que las cartas quieren entregar. Por eso este arte no puede practicarse con frialdad ni ego: requiere humildad, entrega y voluntad de servir.

Habrá días en los que no entenderás lo que las cartas dicen. Otros en los que lo verás todo con absoluta claridad. En ambos casos, confía. El verdadero cartomancista aprende a leer incluso los silencios, y sabe cuándo hablar... y cuándo no.

Cada tirada es una conversación entre el alma del consultante y el misterio del universo. Tú eres el puente. Haz de tu mesa un altar. De tu baraja, una oración. De tu práctica, un acto de amor.

Y recuerda siempre:

No lees el futuro. Lees el presente que está buscando nacer.

Con respeto, con fe, y con corazón.

MI DIARIO DE LECTURAS

En las próximas páginas encontrarás dónde registrar tus primeras lecturas. Anota claramente el día, fecha y hora de la lectura. El nombre del consultante y el tipo de tendido que usaste.

Ejemplo:

Fecha:	Miércoles 6 de Agosto 8am
Consultante:	Señora Fulanita
Tipo de Tendido:	Método Consejo
Cartas y sus posiciones:	1. As de Oros al derecho.
	2. Ocho de bastos al derecho.
	3. Sota de copas al revés

En la sección de INTERPRETACIÓN escribe, por supuesto, la interpretación que diste a la consultante de cada carta y su posición.

Junto con la interpretación también puedes hacer anotaciones sobre lo que tu intuición te estaba diciendo en ese momento, si es que esto ocurrió durante la lectura.

En este espacio también podrías agregar si la consultante hizo preguntas o si tuvo una reacción especial a alguna carta.

Anota alguna particularidad, por ejemplo si en lecturas anteriores a esta misma consultante le ha salido una carta repetida.

En las NOTAS puedes poner todo lo demás que necesites recordar de esta lectura.

Anota tus emociones, las de tu consultante. Si algún evento importante ocurrió durante la lectura y hasta cómo estaba el clima si esto es pertinente o si tenías en tu mesa de lecturas, un cuarzo específico.

Llevando este diario podrás conectarte mucho más con el aspecto espiritual de la lectura de la baraja, con tus emociones y pensamientos y con los de tus consultantes.

Al pasar del tiempo, podrás incluso ver la evolución de un mismo consultante, cuando regreses a leer sus primeras o sus últimas consultas. Y también podrás medir tu propia intuición y entenderás cómo has ido creciendo como consultante.

Bendiciones y mucho éxito en esta jornada que estás iniciando.

Nota: Estas páginas que siguen a continuación son copia fiel de "Mi Diario de Lecturas: Un cuaderno sagrado para guardianes del misterio" de esta misma editorial.

Mi Diario de Lecturas

Fecha:	
Consultante:	
Tipo de Tendido:	
Cartas y sus posiciones:	
Interpretación:	
Notas:	

Mi Diario de Lecturas

Fecha:	
Consultante:	
Tipo de Tendido:	
Cartas y sus posiciones:	
Interpretación:	
Notas:	

Mi Diario de Lecturas

Fecha:	
Consultante:	
Tipo de Tendido:	
Cartas y sus posiciones:	
Interpretación:	
Notas:	

Mi Diario de Lecturas

Fecha:	
Consultante:	
Tipo de Tendido:	
Cartas y sus posiciones:	
Interpretación:	
Notas:	

Mi Diario de Lecturas

Fecha:	
Consultante:	
Tipo de Tendido:	
Cartas y sus posiciones:	
Interpretación:	
Notas:	

Mi Diario de Lecturas

Fecha:	
Consultante:	
Tipo de Tendido:	
Cartas y sus posiciones:	
Interpretación:	
Notas:	

Mi Diario de Lecturas

Fecha:	
Consultante:	
Tipo de Tendido:	
Cartas y sus posiciones:	
Interpretación:	
Notas:	

Mi Diario de Lecturas

Fecha:	
Consultante:	
Tipo de Tendido:	
Cartas y sus posiciones:	
Interpretación:	
Notas:	

Mi Diario de Lecturas

Fecha:	
Consultante:	
Tipo de Tendido:	
Cartas y sus posiciones:	
Interpretación:	
Notas:	

Mi Diario de Lecturas

Fecha:	
Consultante:	
Tipo de Tendido:	
Cartas y sus posiciones:	
Interpretación:	
Notas:	

Mi Diario de Lecturas

Fecha:	
Consultante:	
Tipo de Tendido:	
Cartas y sus posiciones:	
Interpretación:	
Notas:	

Mi Diario de Lecturas

Fecha:	
Consultante:	
Tipo de Tendido:	
Cartas y sus posiciones:	
Interpretación:	
Notas:	

Mi Diario de Lecturas

Fecha:	
Consultante:	
Tipo de Tendido:	
Cartas y sus posiciones:	
Interpretación:	
Notas:	

Todos los derechos reservados.
Ninguna parte de este libro o los demás libros
de la serie podrán ser reproducidos en texto
ni en imágenes, sin permiso por escrito de:

© Calli Casa Editorial 2025
© Yhacar Trust 2025

Edición en español
Supervisión general: Bernabé Pérez

Lake Elsinore, CA 92530

www.ingramcontent.com/pod-product-compliance
Lightning Source LLC
Chambersburg PA
CBHW050042080526
44586CB00014B/1417